BEI GRIN MACHT SICH IHR WISSEN BEZAHLT

AF167933

- Wir veröffentlichen Ihre Hausarbeit, Bachelor- und Masterarbeit

- Ihr eigenes eBook und Buch - weltweit in allen wichtigen Shops

- Verdienen Sie an jedem Verkauf

Jetzt bei www.GRIN.com hochladen und kostenlos publizieren

Bibliografische Information der Deutschen Nationalbibliothek:

Die Deutsche Bibliothek verzeichnet diese Publikation in der Deutschen National-bibliografie; detaillierte bibliografische Daten sind im Internet über http://dnb.d-nb.de/ abrufbar.

Dieses Werk sowie alle darin enthaltenen einzelnen Beiträge und Abbildungen sind urheberrechtlich geschützt. Jede Verwertung, die nicht ausdrücklich vom Urheberrechtsschutz zugelassen ist, bedarf der vorherigen Zustimmung des Verlages. Das gilt insbesondere für Vervielfältigungen, Bearbeitungen, Übersetzungen, Mikroverfilmungen, Auswertungen durch Datenbanken und für die Einspeicherung und Verarbeitung in elektronische Systeme. Alle Rechte, auch die des auszugsweisen Nachdrucks, der fotomechanischen Wiedergabe (einschließlich Mikrokopie) sowie der Auswertung durch Datenbanken oder ähnliche Einrichtungen, vorbehalten.

Impressum:

Copyright © 2019 GRIN Verlag
Druck und Bindung: Books on Demand GmbH, Norderstedt Germany
ISBN: 9783346252999

Anonym

Persönlichkeitspsychologie, Intelligenz und Persönlichkeitstypologie. Ein Überblick

GRIN Verlag

GRIN - Your knowledge has value

Der GRIN Verlag publiziert seit 1998 wissenschaftliche Arbeiten von Studenten, Hochschullehrern und anderen Akademikern als eBook und gedrucktes Buch. Die Verlagswebsite www.grin.com ist die ideale Plattform zur Veröffentlichung von Hausarbeiten, Abschlussarbeiten, wissenschaftlichen Aufsätzen, Dissertationen und Fachbüchern.

Besuchen Sie uns im Internet:

http://www.grin.com/

http://www.facebook.com/grincom

http://www.twitter.com/grin_com

Einsendeaufgaben

Alternative A1

Modul: Persönlichkeitspsychologie

Studiengang: Wirtschaftspsychologie

Abbildungsverzeichnis

Inhaltsverzeichnis

Textteil zu Aufgabe A1

Die Persönlichkeitspsychologie oder auch differentielle Psychologie genannt, hat es sich zur Aufgabe gemacht, die Persönlichkeit des Menschen zu untersuchen.

Persönlichkeit wird definiert als ein „dynamisches System, das Regelmäßigkeiten im Erleben und Verhalten einer Person hervorbringt" (Rauthmann, 2016, S. 3) sowie darunter die „Gesamtheit und Organisation von relativ stabilen Mustern des Erlebens und Verhaltens innerhalb einer Person, die sie kennzeichnen (und von anderen Personen unterscheiden)" (Rauthmann, 2016, S. 3) verstanden wird.

Diese kennzeichnenden Muster innerhalb einer Person, kann man auch als Persönlichkeitseigenschaften bezeichnen und sind der Hauptkern der Untersuchungen der differentiellen Psychologie.

Hierunter fällt zum einem die körperliche Erscheinung, und zum anderen charakteristische Regelmäßigkeiten im Erleben und Verhalten, wie beispielsweise Neugierde, Aggressivität oder Extraversion. Letztere sind nicht direkt beobachtbar, sondern lassen sich mit der Zeit aus dem Verhalten einer Person erschließen (Asendorpf, 2018, S. 7-9.).

Bekannte Modelle wie das Big Five, der Myer-Briggs-Typindikator oder das Drei-Faktoren Modell von Eysenck, welches in 3. genauer erläutert wird, veranschaulichen wie Psychologen durch Faktorisierung aus einer Unmenge an Eigenschaftsbeschreibungen wenige Grundmerkmale herausgearbeitet haben.

Obwohl Persönlichkeitspsychologie und differentielle Psychologie meist als Synonym genutzt werden, gibt es Bereiche, in denen sich die Strömungen voneinander unterscheiden. So beschränkt sich die Persönlichkeitspsychologie auf die Untersuchung von stabilen, non-pathologischen Eigenschaften, auch „traits" genannt. Diese variieren stark von Mensch zu Mensch und vereinfachen somit den Vergleich.

Die differentielle Psychologie dagegen möchte sich nicht auf spezielle Merkmale beschränken und bezieht auch instabile Eigenschaften bzw. Zustände, auch „states" genannt, in ihre Untersuchungen mit ein (Rauthmann, 2016, S. 5).

Trotz dieser Kontroverse vereinigen sich die beiden Richtungen zu einer Disziplin. Die Debatte um stabile oder instabile Merkmale bleibt jedoch erhalten.

Den meisten Menschen ist diese unter dem Begriff Person-Situation Debatte oder State-

Trait Debatte geläufig. Im Folgenden wird diese genauer analysiert, zu Beginn ist jedoch wichtig, beide Begriffe genau zu definieren.

Bei „traits" handelt es sich um umfassende, zeitlich stabile Dispositionen zu bestimmten Verhaltensweisen, welche konsistent in unterschiedlichen Situationen auftreten. Diese werden durch Verhaltensbeobachtung erschlossen. Möchte man beispielsweise einen Freund beschreiben, wird man Attribute nennen, die man über die Jahre hinweg und situationsübergreifend bei diesem beobachten konnte. Beispiele hierfür sind Schüchternheit, Ängstlichkeit oder Extraversion.

Fällt einem bei einem selbstsicheren und extravertierten Freund auf, dass er sich bei einem Treffen mit seinem neuen Chef sehr schüchtern verhält, beobachtet man einen momentanen Zustand auch State genannt. Hierbei handelt es sich um situations- oder zeitbedingte Unterschiede im Verhalten und Erleben einer Person. Im Vergleich zu einem Trait handelt es sich also um ein temporäres Phänomen.

Betrachtet man nun noch einmal oben angeführten Freund welcher die Traits Extraversion und Selbstbewusstsein besitzt und trotzdem bei dem ersten Aufeinandertreffen mit seinem Chef schüchtern reagiert, fällt erneut auf das es sich bei Persönlichkeit um ein dynamisches Konzept handelt. Der Mensch verhält sich dadurch nicht in jeder Situation seinen Eigenschaften entsprechend. Trotz dieser Abweichung wird man beobachten, dass sich das momentane Verhalten (State) mit der Zeit entsprechend seines Traits ausrichten wird, bis ein kongruenter Zustand entsteht. Bedeutet für skizierte Person, dass er mit jedem weiteren Treffen immer lockerer und zu seiner gewöhnlichen offenen und selbstsicheren Art zurückfinden wird, wohingegen ein introvertierter Mensch auch nach langer Zusammenarbeit zurückhaltend bleiben wird (Montag, 2016, S. 7-9.).

Aus diesen Beobachtungen heraus bildete sich eine komplexe Debatte, welche sich damit beschäftigt ob Verhalten als Folge personenspezifischer Eigenschaften angesehen werden kann oder eher der Kontrolle situationsspezifischer Bedingungen unterliegt.

1971 wurde an einer Universität ein Experiment durchgeführt, welches klar gegen eine überdauernde Konsistenz des Verhaltens spricht.

Eine Gruppe von Studenten sollte in einem Scheingefängnis unterschiedliche Rollen übernehmen. Sie wurden entweder zum Wärter oder zum Gefangenen erklärt. Ihre Aufgabe war es nun sich so zu verhalten das, das Gefängnis problemlos weiter existieren kann.

Nach einer Phase der Beobachtung ließ sich feststellen, dass die Personen in der Wärterrolle autoritär auftraten und dazu neigten die Gefangenen zu degradieren. Deren Verhalten war im Gegenzug entweder von einer passiv-unterwürfigen oder rebellierenden Haltung geprägt.

Das Verhalten der Probanden stimmte nicht mit ihren Persönlichkeitseigenschaften (Traits) überein, die zuvor durch einen Fragebogen erhoben wurden. Diese Diskrepanz spricht stark dafür, dass menschliches Verhalten stark situationsabhängig ist (Becker, 2014, S. 12).

Dies postuliert auch Spielbergers Trait-State-Model, welches die Eigenschaft Ängstlichkeit und den Einfluss der Umwelt auf diese genauer untersucht. Vielmehr unterscheidet er zwischen Zustandsangst, wobei es sich um den „bewusst wahrnehmbaren Zustand, der einhergeht mit Anspannung, Nervosität, innerer Unruhe, Besorgtheit und erhöhter Aktivierung des autonomen Nervensystems" (Becker, 2014, S. 117) handelt und Eigenschaftsangst. Dies wiederum beschreibt die zeitlich überdauernde Disposition des Menschen, eine Situation als gefährlich einzustufen. Durch diese Kategorisierung steigt die Zustandsangst parallel an.

Spielberger versuchte durch Fragebögen die beiden Dimensionen zu erfassen, dies war nur teilweise von Erfolg gekrönt (Becker, 2014, S. 117).

Weitere Psychologen befassten sich mit dieser Thematik und über die Jahre bildete sich eine interaktionistische Perspektive heraus. Bowers der Gründer dieser Doktrin, besagt klar das weder State noch Trait eine dominantere Wirkung auf das Verhalten haben, sondern dass Situationen so sehr eine Funktion der Person sind, wie das Verhalten der Person eine Funktion der Situation ist (Kihlstrom, 2013, S. 797).

Welcher Theorie man sich selbst anschließt, bleibt eine persönliche Entscheidung. In vielen alltäglichen Situationen wird jedoch auffallen, dass trotz individueller Einschätzung der Macht von State und Trait, die Unterscheidung von großer Bedeutung ist.

Betrachtet man beispielsweise das Berufsbild eines Piloten. Diese müssen schon vor Ausbildungsbeginn einen Eignungstest absolvieren, der unter anderem versucht ihre Persönlichkeit zu erfassen. Dies ist besonders wichtig, da ein ausgebildeter Pilot täglich für die Aufgabe gewappnet sein muss, Menschen unbeschadet von A nach B zu bringen und auch im Falle von Turbulenzen im Stande sein muss, Ruhe zu bewahren und seiner

Aufgabe gerecht zu werden.

Ergibt ein Persönlichkeitstest nun, dass der Bewerber ein sehr beharrlicher, flexibler und detailverliebter Mensch ist, wird man ihn erstmals für den perfekten Kandidaten halten. Im zweiten Schritt konfrontiert man ihn mit einer Simulation, welche er bewältigen muss. Er muss ein Flugzeug durch ein starkes Unwetter steuern, bei dem eine Turbine ausfällt. Schnell beobachtet man, dass der Bewerber unruhig wird und wichtige Schritte durcheinanderbringt oder ganz weglässt. Hier unterliegt er stark der Macht der Situation, Persönlichkeitseigenschaften zu untergraben. Da man sich dieser Macht und vor allem der Unterscheidung von State und Trait bewusst ist, werden in vielen Berufen Simulationen genutzt, um das Verhalten in diesen gezielt zu trainieren.

Des Weiteren ist die Unterscheidung für Verhaltensbeobachtung sehr aufschlussreich. Beobachtet man beispielsweise eine Schulklasse, welch in ihrer Schullaufbahn zahlreich mit Prüfungssituationen konfrontiert wird, fällt auf das Schüler der Oberstufe vor Ihrer Abiturprüfung meist sehr nervös sind. Dabei handelt es sich um dieselben Schüler, welche am Anfang des Jahres ohne ein sichtbares Zeichen von Nervosität mehrere Schulaufgaben bewältigt haben. Möchte man also herausfinden ob es sich bei den Probanden um State oder Trait Nervosität handelt ist die Fragestellung wichtig. In einem Fragebogen würde man zwei Varianten vorgeben: „Ich bin generell nervös" (Trait) und „Ich bin in Anbetracht der aktuellen Situation nervös" (State) (Montag, 2016, S. 11).

Diese Präzise Fragestellung hilft ebenfalls herauszufinden, welche Persönlichkeitseigenschaften einen Menschen wirklich ausmachen, was auch im Bewerbungsverfahren von größter Bedeutung ist.

Da Mitarbeiter der Personalabteilung erkannt haben, dass ein einzelnes Interview meist nicht genug Informationen über eine Person liefert, erfreuen sich Assessment Center immer größerer Beliebtheit.

Denn diese haben es sich zur Aufgabe gemacht, das Verhalten von Bewerben in unterschiedlichen Situationen zu analysieren und zu bewerten, um darauf hin hinauszufinden welcher Kandidat am geeignetsten erscheint.

Assessment Center gehen häufig bis zu drei Tage lang. Dieser temporäre Kontext aber auch die unterschiedlichen Aufgaben führen dazu, dass sich die Bewerber in immer wechselnden Situationen befinden. Typische Aufgaben sind Gruppendiskussionen, das Halten einer

Präsentation, das Abgeben einer Arbeitsprobe oder ein Rollenspiel.

Für die Mitarbeiter des Personalsbereichs, die mit der Beobachtung und Bewertung des Assessment Centers betraut sind ist es wichtig, Situationen nicht bewerberübergreifend zu bewerten. Denn die Wahrnehmung dieser kann sich von Person zu Person immens unterscheiden und somit zu einer unterschiedlichen Bewertung führen. Ein extrovertierter Mensch neigt dazu in Gruppendiskussionen besser abzuschneiden als ein introvertierter, da er diese Situation als Chance sieht, sich einzubringen und nicht als Bedrohung seiner Komfortzone.

Im Allgemeinen kann ein Assessment Center in erster Linie als ein Test Verfahren für „State-Eigenschaften" gesehen werden, da das Verhalten von Bewerbern in ausgewählten Situationen analysiert wird. Stellen die Mitarbeiter nun fest, dass sich bestimmte Verhaltensstrukturen Aufgabenübergreifend zeigen, können sie daraus auf Traits schließen oder zumindest eine Prognose für die Zukunft stellen.

Assessment Center sind vor allem in Hinblick auf die Einschätzung des Teamverhaltens, der Konfliktlösestrategien und der Arbeitsorganisation von Nutzen. Diese Eigenschaften sind in einem Interview schwer greifbar (Obermann, 2017, S.8-12.).

Die Unterscheidung von State und Trait ist somit von größter Bedeutung, um Verhalten richtig zu interpretieren. Unterläuft hier ein Fehler in der Auswertung der Beobachtungsbögen, wird das Assessment Center nicht den gewünschten Erfolg haben.

Textteil zu Aufgabe A2

Obwohl es sich bei Intelligenz, um die am intensivsten untersuchte Persönlichkeitseigenschaft überhaupt handelt, gibt es keine klare Definition, die von allen psychologischen Strömungen gleichermaßen anerkannt wird.

Die Alltagspsychologie postuliert Intelligenz als „eine relativ einheitliche Fähigkeit, intellektuelle Leistungen zu vollbringen" (Asendorpf, 2004, S. 185). Hier bildet sich der erste Diskussionspunkt heraus, denn die Frage, was unter den Begriff intellektuelle Leistung fällt, bleibt unbeantwortet. An diesem Punkt scheitert man bis heute. Um diesem Problem zu entgehen, wird oft auf folgende Definition ausgewichen: „Intelligenz ist, was Intelligenztests messen" (Zimbardo & Gerrig, 1999, S. 565). Da es sich hierbei um eine Tautologie handelt, wird diese Vorgehensweise oft kritisiert.

Über die Jahre lässt sich in der westlichen Welt ein Konsens erkennen, welcher Intelligenz als die kognitive Leistungsfähigkeit des Menschen beschreibt (vgl. Becker, 2014, S. 89).

Trotz allem sind diese umstrittenen Definitionen nicht ausreichend, um ein tieferes Verständnis für das Intelligenzkonzept zu erlangen. Es ist nötig sich mit den unterschiedlichen Intelligenzkonzepten zu befassen. Im folgenden Teil wird auf drei näher eingegangen.

Das erste Intelligenzmodell, die Zwei-Faktoren-Theorie, geht auf Spearman zurück. Dieser führte zu Beginn seiner Forschung zahlreiche Intelligenztests an Kindern durch und kam zu dem Entschluss, dass Kinder, welche in einem Test gut sind, dazu neigen in einem anderen Test ebenfalls gut abzuschneiden. Diese positive Korrelation führte Spearman dazu von einer generellen Intelligenz, welche er als g-Faktor bezeichnete, auszugehen Die konstante Persönlichkeitseigenschaft bildet die Grundlage, auf welche alle Leistungen zurückzuführen sind. Zum besseren Verständnis erklärte er das es sich bei „g" um eine Form mentaler Energie handelt, die bei allen Fertigkeiten beteiligt ist. Diese ist bezogen auf einen Menschen konstant, doch variiert zwischen den Individuen. Diese Variation führt dazu, dass es intelligentere und weniger intelligente Menschen gibt.

Zusätzlich zu diesem g-Faktor, besitzen Menschen einen oder meist mehrere s-Faktoren. Hierbei handelt es sich um bereichsspezifische Faktoren, welche nicht miteinander in

Verbindung stehen und somit je nach Aufgabe oder Test aktiviert werden. Beispiele für solche spezifische Faktoren sind die musikalische oder mathematische Intelligenz. Wichtig ist anzumerken, dass weder der Generalfaktor g noch der spezifische Faktor S miteinander korrelieren. Spearmans Ansatz bildet die Grundlage für viele modernere Theorien (Nettelnstroth, 2004, S. 64 – 65). Aufgrund ihrer Einfachheit ließ sie jedoch auch viel Raum für Kritik. Thurstone, der Begründer der folgenden Theorie, begreift seinen Ansatz als Gegenpol zu Spearman.

Er widerspricht Spearman in seiner Behauptung, es gäbe einen Generalfaktor und baut auf der Grundannahme auf, dass Intelligenz ein Zusammenschluss von sieben Primärfaktoren ist, welche nicht miteinander korrelieren.

Der erste Faktor ist Sprachbeherrschung (verbal comprehension), hierunter versteht man das Verständnis des Individuums für Wörter und ihre Bedeutung, sowie die Fähigkeit diese richtig zu benutzen. Getestet wird dieser Faktor meist durch Multiple Choice Tests, in denen die Person beispielsweise dazu aufgefordert wird, Wörter oder Sätze in richtige Reihenfolge zu bringen oder Fragen zu einem vorliegenden Text beantworten muss. Zweiter Faktor ist das Räumliche Vorstellungsvermögen (spatial orientation/space), dieser umfasst die Fähigkeit der räumlichen Vorstellung und Orientierung, sowie das Erkennen von Objekten in veränderten Bezugswinkeln. Eine typische Testaufgabe ist der Vergleich von geometrischen Gebilden aus verschiedenen Perspektiven.

Als nächstes (3) wird Schlussfolgerndes Denken (inductive reasoning) angeführt, dies umfasst das Können aus gegebenen Abfolgen Regelhaftigkeiten zu ermitteln und diese anwenden zu können. Getestet wird dies häufig durch vorgegebene Wort- oder Zahlreihen, die die Testperson vervollständigen soll.

Die rechnerisch-mathematischen Fähigkeiten (number) bilden den vierten Primärfaktor, dieser bezieht sich auf die Fähigkeit, einfache Rechenaufgaben schnell und präzise lösen zu können. Getestet wird dies durch das Lösen von Grundrechenaufgaben.

Der fünfte Faktor heißt Wortflüssigkeit (word fluency). Im Gegensatz zu dem ersten Faktor beinhaltet dieser das aktive Vokabular beispielsweise inwieweit ein Mensch fähig ist, Wörter mit gemeinsamen Eigenschaften zu sammeln, Reime zu produzieren oder Anagramme zu finden.

Vorletzter Faktor repräsentiert das Assoziative Gedächtnis (memory), hier geht es, um die Fähigkeit sich gelernte Kombinationen merken zu können. Bekannte Tests sind das Wiedergeben von zuvor gezeigten Bild-, Wort-, oder Zahlpaaren.

Der siebte und letzte Primärfaktor ist die Wahrnehmungs- und Auffassungsgeschwindigkeit (perceptual speed). Dies umfasst die Fähigkeit schnell und richtig Details zu erkennen, welche von irrelevantem Material umgeben sind (Becker, 2014, S. 95). Dies kann beispielsweise durch das Anstreichen bestimmter Symbole in einem Bildnis getestet werden (Craighead & Nemeroff, 2004, S. 726).

Thurstone versteht Intelligenz als Fähigkeitsbündel, wodurch die Testergebnisse der einzelnen Primärfaktoren zusammen ein Intelligenzprofil ergeben. Wie zu Beginn angemerkt ging Thurstone zu Anfang seiner Forschung davon aus, dass die Faktoren nicht miteinander korrelieren. Dies stieß auf Kritik seitens anderer Psychologen, welche darauf hinwiesen, dass die von Thurstone genutzte Methode der Faktorenanalyse eine Abhängigkeit zwischen den einzelnen Faktoren erlaubt. Thurstone erkannte diese Kritik an und man stellte sich erneut die Frage, ob ein übergeordneter Generalfaktor Berechtigung hat (Nettelnstroth, 2004, S. 65 - 68).

Aus beiden Theorien entwickelte Cattell ein neues Modell, das Zwei-Faktorenmodell oder auch bekannt als das Hierarchische Modell der fluiden und kristallinen Intelligenz.

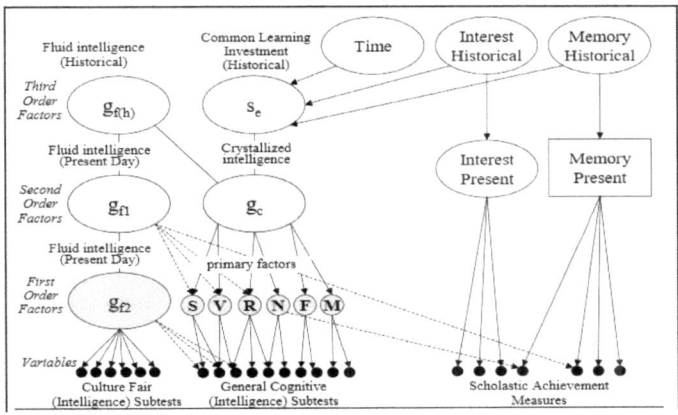

Abbildung 1:Das hierarchische Strukturmodell von Cattell

(Quelle: Nettelnstroth, 2004, S. 70)

Er übernimmt sowohl die Annahme eines allgemeinen, übergeordneten g-Faktors, als auch die der Primärfaktoren. Aus diesen Primärfaktoren ergibt sich in seiner Faktorenanalyse 2. Ordnung die sogenannte kristalline Intelligenz (g_c). Hierunter versteht Cattell unser Wissen, welches sich aus vorangegangenen Lernerfahrungen zusammensetzt. Es ist stark geprägt von Lern-, Erziehungs- und Kultureinflüssen und nimmt im Laufe des Heranwachsens tendenziell zu.

Neben diesem steht die fluide Intelligenz (g_{fl}), hierbei handelt es sich um das vererbte Grundpotential eines Menschen, welches die „primäre Denkfähigkeit und Fähigkeit zum Lösen abstrakt-relationaler Probleme" (Becker, 2014, S. 94) umfasst. Im Kontrast zu ersterer nimmt diese im Alter tendenziell ab und ist unabhängig von kulturellen Einflüssen und früheren Erfahrungen. Dieser Abstieg wird durch den Anstieg der kristallinen Intelligenz ausgeglichen.

Cattell stellte in seiner abschließenden Faktorenanalyse 3. Ordnung fest das g_{fl} und g_c miteinander korrelieren, woraus sich der bereits aus Spearmans Theorie bekannte allgemeine g- Faktor ($g_{f(h)}$) ergibt.

Cattells Modell wird bis heute genutzt, jedoch konnte im Laufe der Jahre keine Vererblichkeit der fluiden Intelligenz bestätigt werden. Sie verfügt aber über einen hohen heuristischen Wert d.h zur Vereinfachung kann erworbenes Wissen z.B. durch die Schule als kristalline Intelligenz bezeichnet werden und schlussfolgerndes Wissen als fluide Intelligenz eingestuft werden (Nettelnstroth, 2004, S. 70-74).

Hauptsächlich unterscheiden sich die aufgeführten Theorien in der Frage nach der Existenz eines Generalfaktor der Intelligenz.

Cattell, welcher ein Schüler von Spearman war, stimmt ihm bei dem Bestehen eines solchen zu. Seine fluide Intelligenz entspricht weitestgehend diesem g-Faktor. Wie auch Spearman geht er davon aus, dass dieser Faktor genetisch bedingt ist.

Im Kontrast dazu sprach sich Thurstone zu Beginn seiner Forschung gegen einen allgemeinen Intelligenzfaktor aus, er modifizierte sein Modell jedoch und teilte es in zwei Hierarchiestufen: auf erster Stufe der allgemeine Intelligenzfaktor und auf zweiter Stufe sieben Primärfaktoren.

Nichtsdestotrotz geht er nicht von einer vererbbaren Intelligenz aus, sondern einer erlernten.

All diese Intelligenztheorien legen den Grundbaustein für die zur heutigen Zeit verwendeten Intelligenztests, welche uns im Alltag immer häufiger begegnen.

Das erste Mal werden Eltern mit dem Thema konfrontiert, wenn Ihre Kinder heranwachsen, viele Pädagogen sind der Meinung ein Intelligenztest hilft herauszufinden, wie das Kind in Zukunft bestmöglich gefördert werden kann und welches Lernumfeld geschaffen werden muss um eine positive Entwicklung zu fördern. Trotz dieses positiven Grundgedankens muss man beachten welche Kehrseite ein Intelligenztest für Kinder mit durchschnittlichem bis zu unterdurchschnittlichem IQ haben kann. Es besteht die Gefahr, dass es zu einer geringeren Förderung kommt und das Umfeld die Enttäuschung über das Ergebnis auf das Kind projiziert und somit dessen Entwicklung negativ beeinflusst. Nichtsdestotrotz kann der Einsatz solcher Tests bei richtiger Interpretation und Umgang mit der Ergebnissen sinnvoll sein.

Zu betonen gilt, dass Intelligenztests nützlich sind, wenn es darum geht, der Testperson eine bessere Förderung zu ermöglichen oder herauszufinden, ob vorhandene Defizite im engen Zusammenhang mit der eigenen Intelligenz stehen. Sie sollten stets von Fachleuten durchgeführt werden. Abzuraten ist von selbst durchgeführten Intelligenztests, wie sie massenhaft im Internet zu finden sind, da die Gütekriterien die einen Test auszeichnen sollen, nicht gegeben sind.

Steigender Beliebtheit erfreuen sich Intelligenztest im Kontext der Personalauswahl. Sie werden nicht nur im Bewerbungsprozess eingesetzt, sondern dienen auch als Hilfsmittel bei Beförderungen.

Zuzuschreiben ist dies zum einem der Kosteinsparung, die sich Firmen davon erhoffen, zum anderen aber auch der Zeitersparnis, wenn man diese im direkten Vergleich zu Assessment Centern betrachtet.

Darüber hinaus ermöglichen solche Tests Rückschlüsse über den Zusammenhang von positiven Testergebnissen und späterem Berufserfolg. Die Testergebnisse, welche ebenfalls Stärken und Schwächen der getesteten Personen offenbaren, können somit dabei helfen, offene Stellen kompetenzgerecht zu besetzen und gleichzeitig den Bewerberprozess stark zu vereinfachen.

Trotz diesen Vorteilen stehen viele Menschen Intelligenztest äußerst skeptisch gegenüber. Bewerber erwarten, dass Ihre berufliche Erfahrung und Fachexpertise eine ausschlaggebende Rolle bei Ihrer Einstellung spielen, diese wird bei Intelligenztests jedoch nicht gemessen. Ein weiterer Kritikpunkt an Intelligenztests ist, dass nur eine gewisse Art von Grundintelligenz gemessen wird. Über die Jahre hat sich das Verständnis von multiplen Intelligenzen immer stärker durchgesetzt hierzu zählt zum Beispiel musikalische Intelligenz, körperlich-kinästhetische Intelligenz oder Inter- und Intrapersonale Intelligenz wie sie Gardner in seinem Modell aufführt (Becker, 2014, S. 99).

Diese Missachtung führt dazu das Intelligenztests gerade in kreativen oder handwerklichen Berufsfeldern kaum einen Nutzen vorweisen können. Des Weiteren können Eigenschaften wie Disziplin, Charisma, Kommunikationsstärke und Motivation nicht durch einen Intelligenztest gemessen werden, obwohl sie ausschlaggebend für Erfolg sind.

Von größter Wichtigkeit ist der vertrauliche Umgang mit Testergebnissen. Tests führen immer zu einer Wertung, was wiederrum eine Einteilung in Klassen mit sich führt. Sollte eine Person aufgrund von situativen Faktoren in einem Test unterdurchschnittlich abschneiden und dieses Testergebnis wird zwischen Firmen kommuniziert, kann diese Zahl den Bewerber sein Leben lang negativ begleiten. Deshalb sollte ein Intelligenztest immer mit einer Verschwiegenheitserklärung einher gehen, um diese Gefahr auszuschließen (Brim, 1965, S. 127).

Zusammenfassend wird der Einsatz von Intelligenztests als zusätzliches Instrument der Personalauswahl mit höchster Wahrscheinlichkeit keine negativen Folgen mit sich bringen. Trotzdem sollten die Durchführung und Auswertung eines solchen Tests gut überlegt und stets von Fachleuten betreut werden. Allein aufgrund guter Ergebnisse eine Person einzustellen erscheint wenig sinnvoll, weshalb ein persönliches Job-Interview nicht durch Intelligenztests ersetzt werden kann.

Textteil zu Aufgabe A3

Seit der Antike lässt sich beobachten, dass Menschen dazu neigen ihre Mitmenschen nach Persönlichkeitsmerkmalen zu klassifizieren.

Zu Anfang wurden auffällige Charaktereigenschaften mit astrologischen Ansätzen erklärt, mit der Zeit beschäftigten sich immer mehr Psychologen mit dieser Thematik und entwickelten eigene Persönlichkeitstypologien, so auch Carl Gustav Jung.

Jung ist der Überzeugung, dass die unterschiedliche Einstellung von Menschen zu seiner Umwelt, zu einer Unterscheidung von zwei Typen führt. Auf der einen Seite der Extravertierte Typus, dieser ist seiner Außenwelt zugewandt, steht gerne mit Menschen im Kontakt und kann insgesamt als sehr energetisch beschrieben werden.

Auf der anderen Seite, der Introvertierte, welcher lieber für sich alleine bleibt, neuen Situationen ängstlich und verschlossen gegenübersteht, was dazu führt das in dieser Gruppe häufig Einsiedler zu finden sind.

Jung ist davon überzeugt, dass ein Mensch beide Typen in sich vereinigt, einer jedoch dominierend ist und somit das Charakterbild prägt.

Außerdem führt er vier Grundfunktionen der Psyche an, welche unabhängig von Extraversion und Introversion auftreten. Die rationalen Funktionen des Denkens und Fühlens und die irrationalen Funktionen des Empfindens und Intuierens. Werden Einstellungstyp und Funktionstyp miteinander kombiniert, kann es zu acht möglichen Variationsmöglichkeiten der Persönlichkeit kommen, welche in folgender Tabelle dargestellt werden (Jung, 2008, S. 20 - 21).

Funktion	Typ Extraversion	Typ Introversion
Denken	objektiv, lebt nach Regeln, ignoriert seine Spiritualität	intellektuell, wirkt kalt und unnahbar, fühlt sich in sozialen Situationen unwohl
Fühlen	konventionell, umgänglich, angepasst	ruhig, nachdenklich, wirkt geheimnisvoll, fühlt intensiv
Empfinden	unbesonnen, genussfreudig, initiativ	sehr empfindlich, ruhig, passiv
Intuition	kreativ, vertraut eigenen Ahnungen, begeisterungsfähig, spekulativ	verschlossen, wirkt verträumt, visionär, künstlerisch

Abbildung 2: Einstellungstypen und Funktionstypen in Ihrer Kombination

(Quelle: Becker, 2014, S. 24)

Im laufe der Jahre bildeten sich neuere Ansätze der Persönlichkeitstypologie heraus, welche im Gegensatz zu Jung nicht nur zwei Hauptkomponenten sondern mehrere aufführen, wodurch es zu einer genaueren und differenzierteren Klassifikation kommen kann. Diese Präzision ist notwendig, um Persönlichkeitstypologien nutzbringend anwenden zu können. Bekannte Modelle sind beispielsweise der Myer-Briggs Type Indicator oder das DISG-Modell.

Vorallem in der Personalpolitik erfreut sich der Einsatz dieser steigender Beliebtheit, dies liegt mitunter an den vielseitigen Einsatzmöglichkeiten.

Sie können zum einem zur Stärke-Schwäche Analyse von Mitarbeitern eingesetzt werden, um dadurch Defizite zu erkennen und an diesen zu arbeiten. Zum anderen erweisen sie sich als hilfreich, um Teams sinnvoll zusammenzustellen und eine produktive und dynamische Gruppe zu kreieren.

Des Weiteren kann der Einsatz im Rekrutierungsprozess nützliche Zusatzinformationen liefern. Gerade in Bereichen, in denen eng zusammengearbeitet wird und ein Gruppenzusammenhalt von immenser Wichtigkeit ist, können die Ergebnisse falsche Entscheidungen mindern (Klimmer & Neef, 2004).

Im Gegensatz zu den Persönlichkeitstypologien stehen die dimensionalen Ansätze.

Diese teilen Menschen nicht in starre Kategorien ein, sondern konzentrieren sich auf die Untersuchung einzelner Eigenschaften und quantifizieren diese. Die Diagnose wird also nicht zu einem Prozess der Entscheidung über das Vorhandensein eines Symptoms oder einer Störung, sondern zu dem Grad, in dem ein bestimmtes Merkmal vorhanden ist. Anstatt Urteile zu fällen, stellen dimensionale Ansätze die Frage "wie viel" (Margraf & Schneider, 2018, S. 184 - 185).

Ein bekanntes Modell ist das Drei-Faktoren-Modell von Eysenck, welches drei Dimensionen bestimmt: Extraversion (vs. Introversion), Neurotizismus (vs. Stabilität) und Psychotizismus (vs. Impulskontrolle). Je nachdem wie stark oder schwach jeweiliges Merkmal ausgeprägt ist, desto weiter entfernt liegt die Testperson vom Normwert.

Ein Mensch mit hohem Extraversions Wert kann demzufolge als gesellig, sorglos, abenteuerlustig und dominant beschrieben werden.

Neurotizismus meint die Tendenz nicht situationsgerecht ängstlich zu reagieren, angespannt und schüchtern zu sein und somit bei hohen Werten insgesamt als instabiler Mensch bezeichnet werden zu können.

Unter einem typischen Psychozist versteht man einen Einzelgänger, welcher durch seine kalte und aggressive Art mit Menschen aneinander gerät und keinen sozialen Anschluss findet.

Zur Erfassung der Merkmalsausprägung nutzt Eysenck unterschiedliche Fragebögen, am bekanntesten ist der Eysenck Personality Questionaire (EPQ) (Senf & Broda, 2007, S. 103 - 104). Vor allem in der Therapie erweist sich der Einsatz dieses Bogens als hilfreich, um die Persönlichkeit eines Patienten zu erfassen. Der Wert der Dimension Neurotizismus gibt beispielsweise Auskunft darüber, warum Menschen unter Depressionen leiden oder zu Angstzuständen neigen.

Im Vergleich zu oben angeführter Persönlichkeitstypologie erfährt der Psychologe hier nicht nur eine grobe Kategorie, sondern eine spezifische Tendenz zu einer Verhaltensweise. Weist ein Patient beispielsweise hohe Werte in der Kategorie Neurotizismus auf und gleichzeitig niedrige Werte im Bereich Extraversion, kann eine starke Wechselwirkung der Eigenschaften angenommen werden und der Therapeut wird versuchen bei einem dieser Punkte anzusetzen, um dadurch auch den anderen Wert anzuheben.

Vergleich man Persönlichkeitstypologien mit dimensionalen Ansätzen, ist die eben erwähnte Genauigkeit einer der Hauptunterschiede. Diese führt dazu, dass die Anwendung von dimensionalen Ansätzen detailliertere Informationen bietet. Ebenfalls lässt sich feststellen, dass eine größere Bandbreite an Faktoren berücksichtigt wird, dies vermindert die Gefahr einem Menschen mit einem Wort ein Label aufzudrücken und führt vielmehr zu der Erstellung eines umfassenden Persönlichkeitsprofils.

Aus der Vorgehensweise der beiden Ansätze lassen sich klar zwei unterschiedliche Prinzipien herauskristallisieren.

Der kategorielle Ansatz folgt dem Alles-oder-Nichts Prinzip und stellt somit die Frage: „Ist etwas vorhanden?", „Ja oder Nein?".

Der dimensionale Ansatz dagegen wehrt sich gegen diese starre Vorstellung und fragt nach dem „wie viel", um die Ausprägungsstärke herauszufinden.

Literaturverzeichnis

Asendorpf, J. B. (2004). *Psychologie der Persönlichkeit* (3. Aufl.). Berlin: Springer.

Asendorpf, J. B. (2018). *Persönlichkeit: Was uns ausmacht und warum* (1. Aufl.). Berlin: Springer.

Becker, B. (2014). *Grundlagen der Differentiellen und Persönlichkeitspsychologie*, 1. Aufl., Studienbrief der SRH Fernhochschule, Riedlingen.

Brim, O. G. (1965). *American attitudes toward intelligence tests*. American Psychologist, 20(2), 125–130.Verfügbar unter https://doi.org/10.1037/h0021884.

Craighead, W. E. & Nemeroff, C. B. (2004). *The Concise Corsini Encyclopedia of Psychology and Behavioral Science* (3. Aufl.). Hoboken: John Wiley & Sons.

Jung, H. (2008). *Persönlichkeitstypologie: Instrument der Mitarbeiterführung. Mit Persönlichkeitstest* (3. Aufl.). München: Oldenbourg Wissenschaftsverlag.

Kihlstrom, J. F. (2013). *The Person-Situation Interaction*. In D. Carston (Hrsg.), *The Oxford Handbook of Social Cognition* (S. 786 – 805). New York: Oxford University Press.

Klimmer, M. & Neef, M. (2004). *Einsatz von Persönlichkeitstypologien in der deutschen Wirtschaft* (Studie). Fachhochschule Mannheim. Verfügbar unter https://barbara-valenti.de/wp-content/uploads/2013/06/mbt-FH-Studie-Mannheim.pdf.

Margraf, J. & Schneider, S. (2018). *Lehrbuch der Verhaltenstherapie*, Band 1 (4. Aufl.). Berlin: Springer.

Montag, C. (2016). *Persönlichkeit – Auf der Suche nach unserer Individualität* (1. Aufl.). Berlin: Springer.

Nettelnstroth, W. (2003). *Intelligenz im Rahmen der beruflichen Tätigkeit: Zum Einfluss von Intelligenzfacetten, Personenmerkmalen und Organisatonsstrukturen* (Dissertation). Freie Universität Berlin. Verfügbar unter https://refubium.fu-berlin.de/handle/fub188/2702.

Obermann, C. (2017) *Assessment Center* (6. Aufl.). Wiesbaden: Springer.

Rauthmann, J. F. (2016). *Grundlagen der Differentiellen und Persönlichkeitspsychologie* (1. Aufl.). Wiesbaden: Springer.

Senf, W. & Broda, M. (2007). *Praxis der Psychotherapie* (4. Aufl.). Stuttgart: Thieme.

Zimbardo, P.G. & Gerrig, R. J. (1999). *Psychologie* (7. Aufl.). Berlin: Springer.

BEI GRIN MACHT SICH IHR WISSEN BEZAHLT

- Wir veröffentlichen Ihre Hausarbeit, Bachelor- und Masterarbeit

- Ihr eigenes eBook und Buch - weltweit in allen wichtigen Shops

- Verdienen Sie an jedem Verkauf

Jetzt bei www.GRIN.com hochladen und kostenlos publizieren